Gabriele Hefele

Kuriose Tage
Das Buch der originellen Gedenktage des Jahres

AF188927

Zur Autorin

Dr. Gabriele Hefele, geb. Wilpert schrieb mit 17 Jahren ein Fernsehspiel für die ARD, arbeitete neben dem Studium beim Bayerischen Fernsehen, war unter anderem Chefredakteurin einer Jugendzeitschrift und Pressechefin der Langenscheidt Verlagsgruppe in München. Sie schrieb und schreibt Glossen für diverse Medien, verdankte diesem Talent eine Einladung zum Klagenfurter Publizistikpreis. Sie lebt seit 2000 in Andalusien, war u.a. Reporterin bei Radio Onda Cero Internacional in Marbella und langjährige Kolumnistin der „SUR- Deutsche Ausgabe". Sie veröffentlicht Artikel online bei pagewizz.com und hat seit einigen Jahren eine erfolgreiche Webseite: www. onlinemagazinspanien.info

Lieferbare Bücher von ihr:

Andalusien ist anders
Mein andalusischer Gärtner
Spanien für Fortgeschrittene (Hörbuch-CD)
Was macht die Kuh im Swimmingpool? Freud und Leid des Landlebens
Saunageflüster - worüber Frauen tuscheln, lachen, lästern
Raro, das europäische Wunderpferd

außerdem im Autorenteam von „ENCANTO",
Fotobuch über die Feria in Jerez in Englisch

Mehr auf ihrer Autoren-Webseite:

http://historiette.jimdo.com

Gabriele Hefele

Kuriose Tage

Das Buch der originellen Gedenktage
des Jahres

*Bibliografische Information der Deutschen National-
bibliothek:*
*Die Deutsche Nationalbibliothek verzeichnet diese Publi-
kation in der Deutschen Nationalbibliografie; detaillier-
te bibliografische Daten sind im Internet über
http://dnb.dnb.de abrufbar.*

Illustration/Cover: Gabriele Hefele
Fotos: Reinhard Hefele, Billi Kannengießer, Udo Lenze,
Langenscheidt KG, Wolfgang Wilpert, adbusters.org
Satz: Georgia
Herstellung u. Verlag: BoD–Books on Demand, Norderstedt

ISBN: 978-3-7481-0745-3

Inhaltsverzeichnis

Vorwort

Wer kennt nicht den internationalen Frauentag am 8. März, den Tag des Buches am 23. April, vielleicht auch noch den Tag der Pressefreiheit am 3. Mai oder den Diabetes-Tag und natürlich den Tag des Waldes? Man hat den Eindruck, jeder der 356 Tage im Jahr ist mindestens noch einmal belegt mit einem mehr oder weniger wichtigen und interessanten Aktionstag.

Wer richtet eigentlich solche „Tage" ein? Viele dieser Daten wurden und werden von internationalen Vereinigungen wie der UNESCO oder der Weltgesundheitsorganisation ins Leben gerufen. Aber es können auch Ministerien, Kirchen, Firmen einfach Aktionstage bestimmen. Eine öffentliche Genehmigungsstelle gibt es nicht.

Sind sie nicht faszinierend diese Tage, besonders die wirklich ausgefalleneren oder kuriosen wie der Lachtag, der Linkshändertag, der Antidiättag, der Tag des Bierbauches oder gar der Welttoilettentag?

Ein gefundenes Fressen für mich sozusagen, um meine augenzwinkernden Bemerkungen dazu loszulassen. So möchte ich die geneigten Leser auch darauf stoßen, dass ich dies nach dem **Prinzip „Eselsbrücke"** unternehme, ergo zum informativ-sachlichen Hintergrund kommt eine persönliche Anekdote, denn so merkt man sich bekanntermaßen eine Sache besser.

Man lernt auch etwas dazu, denn viele dieser Aktionstage, ob weltweit oder individuell gefeiert, haben einen ernsthaften Hintergrund wie etwa der Antidiättag, von einer britischen Autorin, die unter Bulimie litt, ins Leben gerufen.

Ausgewählte und besondere Tage habe ich nun zusammengestellt zu einem Büchlein, das die Leser und Leserinnen wieder unterhalten möge wie meine letzten Anekdotensammlungen. Keine Frage, dass sich dies Buch auch gut als Geschenk gerade zum Jahresbeginn oder den entsprechenden Tagen und Themen eignet!

Ich hoffe, Sie haben genauso viel Spaß beim Lesen wie ich beim Schreiben!

Gabriele Hefele

23
Januar
Tag der
Handschrift

Im Zeitalter der Digitalisierung, des Tippens am Computer und vor allem auf dem Handy, wird am 23. Januar daran erinnert, dass mit der Hand schreiben nach wie vor wichtig ist. Man sollte noch fähig sein, eine kurze handschriftliche Notiz auf einem Zettel zu hinterlassen; erwiesen ist ja auch beim Lernen, dass man sich mit der Hand Aufgeschriebenes sehr viel besser merkt als nur Gelesenes oder gar nur Gehörtes.

Und warum dieser Gedenktag am 23. Januar? An diesem Tag hat John Hancock Geburtstag, der erste Amerikaner, der die Unabhängigkeitserklärung mit der Hand unterschrieb.

Wussten Sie, dass die Heidelberger Universitätsbibliothek als „**Mekka der Handschriften**" gilt? Sie hortet eine Fülle der historischen Bestände: *„Handschriften aus Salem und dem*

Sachsenspiegel, Urkunden und Inkunabeln, geologische, anatomische, theologische, archäologische und selbst ägyptologische Zeugnisse, dazu die älteste Zeitschrift der Welt, die „Straßburger Relation" von 1609."

So beschreibt es Jürgen Brauerhoch in seinem Reisetagebuch eines Briefeschreibers, im lesenswerten Buch „DAS FOSSIL"*. Dort hat er auch eine Diskussion mit einem Schweizer Brieffreund, bei der sie berühmte Unterschriften austauschen etwa die von Martin Luther und Johann Calvin:

Sie halten es allerdings für problematisch, „Mithilfe von Schriftproben Auskunft geben zu können über Charakter und Eigenschaften einer Person"*

*Jürgen Brauerhoch: Das Fossil . Bod 2016 . 120 Seiten . ISBN 978-3-741-290688 . 9,90 Euro

Da gehe ich ganz konform mit dem Autor und geschätzten Kollegen Brauerhoch, ich weigerte mich immer, bei Bewerbungen eine Handschriftenprobe abzugeben, nicht nur weil ich eine, pardon, Sauklaue mein eigen nenne, sondern weil ich immer argumentierte: *„Man könne daraus auch mein Sexualverhalten ablesen, und das hätte ja nichts zu tun mit meinen beruflichen Fähigkeiten als Journalistin."*

Dreimal verweigerte ich bei Bewerbungen mit dieser Aussage das in meinen Augen umstrittene graphologische Gutachten. Und was passierte? Ich erhielt jedes Mal sofort einen persönlichen Gesprächstermin, denn *„man wollte sich diese Person unbedingt ansehen"* ... und ich erhielt übrigens auch jeweils die Stelle.

25
Januar
Gegenteiltag

99 Ich bin der Geist, der stets verneint! Ein Teil von jener Kraft, die stets das Böse will und stets das Gute schafft."

Dieses berühmte Mephisto-Zitat aus Goethes „Faust" passt „wie die Faust(!) aufs Auge" zu diesem höchst skurril-kuriosen Tag, dem Gegenteiltag.

Wieder verdankt man diesen Tag einem amerikanischen Ursprung, dem so genannten National Opposite Day, der wahrscheinlich seit 1872 auf den Kongressabgeordneten Alexander Kerr Craig zurück geht. Doch dann gibt es Schlaumeier, die gemäß diesen Tages behaupten: Der Gegenteiltag fände an einem ganz anderen Tag statt, sonst wäre es ja kein Gegenteiltag...

Ich bin großer Anhänger des NEIN, muss ich zugeben. Aus der Entwicklungspsychologie weiß man, erst, wenn ein Kind anfängt, „nein" zu sagen, entwickelt es Selbst-Bewusstsein, das ist so im sonst populären bezeichneten Trotzalter.

Sagen wir deshalb auch öfters „nein" zu Terrorismus, Radikalismus, Dummheit und dergleichen. Das Recht der Demokraten. Gelten nicht „Jasager" deshalb abfällig als A....kriecher?

Es gibt dazu auch ein passendes Buch, das beweisen will, dass es auch mal richtig sein kann, falsche Entscheidungen zu treffen:

Paul Arden, 144 Seiten, Bastei Lübbe, 14,99€

Noch zu einer Definition der Enzyklopädie Stupidedia: *„Der Gegenteiltag ist das Gegenteil eines normalen Tages. Er wird oft als sinnlos bezeichnet, deshalb ist er sehr sinnvoll, weil das Gegenteil von sinnlos sinnvoll ist."*

Es gibt viele regionale Medientage. Mit Ausstellungen und Veranstaltungen, aber heraus gegriffen sei hier der so genannte Welttag des Radios.

Die Autorin hier bei Radio Onda Cero

Der World Radio Day fand auf Beschluss der UNESCO 2012 zum ersten Mal statt, die Anregung kam aus Spanien. In der Sowjetunion und jetzt Russland wurde er schon seit 1945 begangen und zwar immer am 7. Mai, weil aus deren Sicht der russische Physiker Alexander Popow als Erfinder des Radios gilt.

Egal, Radio hören ist auch bei der jungen Generation nach wie vor beliebt, hat aber wie jedes Medium seine eigenen Gesetze. Fernsehen, Print- und Online-Medien haben die Möglichkeit der Visualisierung.

Der Mensch rezipiert in erster Linie über das Bild. Diese Möglichkeit hat der Hörfunk nicht. Deshalb ist es besonders in unserer Zeit der Bild-Überflutung schwierig für die Hörer, sich zu konzentrieren. Es ist kein Wunder, dass die Erfinder des Eine-Minute-Dreißig-Beitrages aus dem Privat-Funk kommen. Es ist das flüchtigste Medium, was das Erinnern von Informationen anbelangt.

Hier ein paar Tipps für Radioreporter ebenso wie für Interviewte:

1. Telefon-Interviews, vielleicht auch noch aus dem Auto im Tunnel, mögen zwar bequem sein, sind aber eine Unsitte und Missachtung der Hörer, weil die Übertragungs-Qualität doch sehr leidet.

2. Langsamer reden im Radio als normal.

3. Endsilben akzentuiert aussprechen und nicht verschlucken. Das mag Ihnen übertrieben und albern vorkommen, ist es aber nicht bei der Sendung. Das Publikum dankt es.

4. Keine langen Sätze oder Schachtelsätze bilden. Bei einem Satz von mehr als 17 Wörtern Länge kriegt man gar nicht mehr den Zusammenhang mit.

5. Keine langen Monologe halten, sondern einen lebhaften Schlagabtausch erzeugen, schneller hin und her wechseln zwischen den Gesprächspartnern, das ermüdet die Hörer nicht so schnell.

6. Konkrete Beispiele sagen mehr als tausend Theorien: Den Mut zu subjektiven Beispielen und Bildern haben, da Sie sonst ja nicht visualisierend unterstützen können. Das wirkt besser als Merksätze.

7. So normal wie immer sein, nicht versuchen "druckreif" zu reden. Deshalb auch nicht vom Blatt ablesen, man merkt das der Stimme an. Ruhig Stichworte notieren, aber nicht vorlesen.

8. Keine Angst vor Versprechern! Sie machen den Live-Effekt aus. Das Wort wiederholen, aber nicht den ganzen Satz.

21

März

Tag der Poesie

Schön, dass es diesen Tag seit dem Jahr 2000 gibt, ausgerufen als **Welttag** von der UNESCO, um neben all der Digitalisierung und deren Techniken an die Bedeutung der Literatur , hier der Lyrik zu erinnern. Gerne werden an diesem Datum weltweit Poesiepreise vergeben.

Dazu muss ich unbedingt von „meiner" **dichtenden Postfrau** erzählen! Das vermutet man ja gar nicht an diesem unserem kleinen Ort in Andalusien! Da gab ich am Schalter meine Post auf und da drückte mir die eine der zwei Damen ein Blatt in die Hand mit den Worten: *„Ich möchte Sie zu meiner Vorstellung meines neuesten Buches einladen. Ich glaube, Sie schreiben doch auch Bücher."* Letzteres entnahm sie meinen diversen Versandaktionen, bei denen ich mich auch schon mal aufregte, wie teuer der Versand meines neuesten Buches ins Ausland war - fast teurer als der ganze Buchpreis.

An ihrem Präsentationsabend erwarb ich ihr Büchlein „El Ritual de Ceniza" (Das Ascheritual). Ein hübscher Gedichtband mit - wie ich zuhause feststellen konnte – wirklich guter Lyrik, die **auf Spanisch so majestätisch** klingt. Qualitativ besser als vieles, was mir in letzter Zeit in die Hände geraten war. Wir kamen am nächsten Tag wieder am Schalter ins Fachsimpeln, ich erzählte, wovon meine Anekdotensammlungen handelten, und sie bedauerte, dass ich nur auf Deutsch schriebe.

Dann stellte sich heraus, dass dies keine Eintagsfliege ihrerseits ist, dass sie wie ihr Lebensgefährte, der am Abend vorher in Madrid mit einem Preis geehrt wurde, verschiedenen Autorenvereinigungen, auch der Gewerkschaft der Künstler angehört. Sie hatte bereits 2006 einen außergewöhnlich ästhetisch gestalteten Gedichtband veröffentlicht. Den schenkte sie mir in ihrer Begeisterung über meine Anteilnahme direkt noch dazu! Mit ausführlicher Widmung natürlich.

Inzwischen hatte sich die immer länger werdende Schlange hinter mir klammheimlich auf den zweiten Postschalter verteilt und jetzt kommt das Beste: ohne ein Murren, ohne dass sich auch nur ein Wartender aufgeregt hätte, ob die Damen das vielleicht außerhalb der Öffnungszeiten besprechen könnten. Ich behaupte, so ein Protest wäre mir sicher in Deutschland passiert, ja, ich weiß nicht, ob ich mich auf der anderen Seite so brav verhalten hätte. Sind sie nicht herrlich die Andalusier, die vollstes Verständnis haben für eine solche Kommunikation?

Kostprobe

Und jetzt muss hier unbedingt eine Kostprobe von **Carmen Sánchez Melgar** stehen, ich habe folgendes Gedicht genommen und übersetzt:

YO	**Ich**
Todo lo que soy	*Alles was ich bin,*
cabe en una silla,	*hat auf einem Stuhl*
en una cama	*Platz, auf einem Bett*
con los brazos.	*mit ausgebreiteten*
	Armen.
El resto,	*Der Rest ist zu*
para nada me sirve.	*nichts nütze.*
Nunca será mío.	*Niemals wird es mein*
	sein.

Carmen Sánchez Melgar. El Ritual de la Ceniza . 88 Seiten . 12 Euro . Edition Poema Rios . ISBN: 978-84-615-9832-8

23
März
Weltwettertag

Natürlich reden alle vom Wetter! Jeden Tag, oft mehrmals. Das ist absolut gerechtfertigt. Und auf dem Land, auf dem wir zur Zeit leben, kriegt man ein noch sehr viel engeres Verhältnis zur Natur und zum Wetter. Man denke nur an die vielen Bauernregeln, die mehr oder weniger einen wahren Kern besitzen. Man lernt, den Himmel aufmerksamer zu beobachten.

Unser Tiroler Bauer, auf dessen Hof mein Bruder und ich mit meinen Eltern so herrliche Ferien unserer Kindheit verbrachten, ging mit seiner Pfeife im Mund frühmorgens vor die Tür und sah nach, ob der Wilde Kaiser einen „Hut" auf hatte oder nicht. Allerdings erinnere ich mich nicht mehr, ob der Hut nun Regen bedeutete oder Stabilität des schönen Wetters!

In Warngau in Oberbayern lernten wir ziemlich schnell zu wissen, wann nicht nur ein Gewitter drohte, sondern auch Hagel: immer dann, wenn ein gelber Streifen in den schwarzen Wolken zu sehen war! Heute haben wir als „Frühwarnsystem" auch unsere Tiere. Ich erinnere mich, als eines Tages der Himmel sich schwarz verzog, was sonst die Regen gewohnten Pferde nicht störte. Aber an diesem Tag stellten sie sich plötzlich am Weidetor auf und Herdenchef Amigo ließ ein lautes, fast jämmerliches Wiehern hören. Ich brachte sie vorsichtshalber mal in den Stall: Keine fünf Minuten später ging ein Hagelschauer mit eiergroßen Eisstücken nieder!

Wettertag = Regentag?

Doch was sind wir jetzt in Spanien für Wetter-Snobs geworden, denn so müssen wir den nördlichen Freunden vorkommen, da wir dann doch sehnsüchtig nach einem Sommer auf den ersten großen Septemberregen warten, der den grauen Staub von den Bäumen wäscht, der uns wieder kräftig durchatmen lässt.

Wie verwöhnt aber auch unsere deutschen Pferde geworden sind, die einst bei 12 Grad „lauem" Mairegen unbeeindruckt den ganzen Tag auf der Wiese fraßen, sieht man daran, dass sie sich bei diesem wirklich milden Regen sofort in den Stall flüchten!

Wenn die echte Regenzeit kommt, dann kann man das nicht mehr Regen nennen, sondern nur noch Sintflut. Dann sprudelt bei Freunden in der Diele ihres Reihenhäuschens Wasser zwischen den Fliesen hervor, bei anderen drückt das Wasser aus den Außenwänden ihrer Villa nach innen: Beim Kauf des Hauses hatte ihnen keiner gesagt, dass sie in einem alten Flussbett sitzen!

Ein Hoch auf die Gummistiefel!

Aus dem Grund sind mir auch meine Gummistiefel heilig. Ich muss gestehen, als wir kurz vor Weihnachten im Jahre 2000 mit Sack und Pack und zwei Pferden in Andalusien kamen, dachte ich: *"Hurra, Sonne und mildes Klima!"* Und ließ meine grünen Gummistiefel in Deutschland zurück. Sehr leichtsinnig. Denn vier Tage nach Ankunft ergossen sich vierzehn Tage lang sintflutartige Regenfälle über unseren neuen Wohnsitz. Rundherum in den Schuhgeschäften und den Baumärkten waren Gummistiefel längst ausverkauft. In jenem Winter, bei dem man sich eigentlich an früheres Erdkundewissen hätte erinnern sollen, dass es rund ums Mittelmeer von Oktober bis April regnen kann, also in diesem ersten Jahr ruinierte ich mir meine aus Texas importierten Leder-Westernstiefel!

Erst im Herbst desselben Jahres kam ich wieder nach Deutschland und packte als erstes die Gummistiefel ein, die ich bei Muttern zwischengelagert hatte. Mama gab mir auch etliche Kilo der köstlichen Birnen aus ihrem Garten mit, auf die unsere Pferde immer so scharf waren. Es kam wie es kommen musste: Mein Handgepäck wurde beim Rückflug rayanairmäßig streng abgewogen - und hatte zwei Kilo Übergewicht! Also ran an die Seite und blutenden Herzens die köstlichen Birnen in den bereit stehenden Papierkorb entsorgt, nur damit die Gummistiefel mit konnten!

Wenn die Wege zu reißenden Bächen werden...

28
März
Unkrauttag

Es gibt viele Feinde des leidenschaftlichen Gärtners in seinem Bereich. Zum Beispiel Schädlinge und Parasiten. Einer der schlimmsten scheint aber das Un-Kraut zu sein. Das gilt es meist auszumerzen. Doch scheiden sich die Geister schon an der Definition, was seien eigentlich unerwünschte Pflanzen und wie bekämpfe man sie.

Ich liebe es naturbelassen und erinnere mich daran, dass schon in unserem ersten Haus in einem Dorf bei München die Bauern den Kopf über meine wilde Wiese schüttelten. Dort pflegte man ja den seltsamen Widerspruch, dass rund ums Bauernhaus jedes Gänseblümchen ausgerissen wurde, aber am Zaun danach die Kühe auf einer bunten Wiese weideten! Bis einer der alten Bauern, die auf der Bank vor ihrem Haus saßen, sich einmal ein Herz nahm, mich beiseite und äußerte, es würde schon Zeit, dass wir mal unser Gras mähen würden, weil es ja bei Regen schon umfiele und man altes Gras so kaum, also nicht einmal mehr mit der Sense schneiden könne.

Mein Mutti kann bei ihrem Besuch eines nicht lassen: das Unkrautjäten rund um unser Haus. Auch bei Sommerhitze. Aber sie erklärt, dass es ihr halt so viel Spaß mache. Also, das hat sich bis zu meinen Genen mitnichten herumgesprochen. Mutti erkläre ich auch, dass aus unserem Grundstück kein Stadtpark werden soll, das soll immer rustikal bleiben. Aber da kennen Sie meine Mutter schlecht, das könne sie gar nicht mitansehen, wo ich doch so schöne Blumen eingepflanzt hätte, von Rosen aller Farben bis zur Bougainvilla, Strelitzie und Cala und so weiter. Die kämen ja sonst gar nicht zur Geltung. Es hilft auch nichts meine vorsichtige Erklärung, dass ich mich in meiner Ehre gekränkt fühlen und dies als als Vorwurf begreifen könne, warum ich aus unserem Grundstück nicht schon längst einen geschleckten Ziergarten gegärtnert hätte.

Und so werkelt Mutti schon um halb acht Uhr, noch vor unserem Aufstehen. Weckt mir sogar vorzeitig die Pferde, Katzen und den Hund auf, die dann meinen, es gäbe endlich mal früher Frühstück wie in anderen anständigen Haushalten auch! Ich muss Mutti gewaltsam ins Hausinnere schleppen, damit sie nicht schlapp macht, wenn die Sonne so richtig am Himmel steht und sie wieder das Wasser-Trinken vergisst.

Der Tag zu Ehren des Unkrauts wurde im Jahr 2003 durch Garten-Blogger eingeführt und findet seitdem jährlich statt.

Immer noch die wirkungsvollste Waffe gegen das so genannte Unkraut soll der Brennnesselsud sein. Von diesem Grundstoff haben wir auf unserem Landbesitz auch reichlich. Also Brennnesseln ernten - am besten mit dicken Lederhandschuhen - in einen Eimer oder gleich in die Gießkanne geben, heißes Wasser darüber gießen und zwei Tage ziehen lassen. Aber in sicherer Entfernung des Wohntraktes. Stinkt nämlich gottserbärmlich. Ist aber auf jeden Fall dem Tipp meines Nachbarn vorzuziehen, der auf Salzwasser schwört, um dem Gras zwischen seinem Plattensee, den er Terrasse nennt, den Garaus zu machen. Pfui Teufel, dieser Umweltzerstörer, wenn man bedenkt, wie das ins Grundwasser geht!

Das Ende vom Lied: Jetzt sieht es richtig kahl aus rund um die von ihr übrig gelassenen Blumen, ich weiß gar nicht, wohin mit den Bergen von Unkraut. Ich brauche auch auffällig mehr Wasser in der heißen Zeit beim Gießen, da das Unkraut keinen Schatten mehr um die Pflanze herum bildet und so auch die Erdkrume mehr austrocknet. Vom Frust der Pferde ganz zu schweigen, die ihre Spaziergänge bis in Hausnähe ausdehnen und das Unkraut auf ihre Weise dezimieren, wobei sie allerdings gar keine Klassen-Unterschiede machen, den Bambus gleich mitkappen sowie große Anhänger der Rosenblüten sind wie einst Kleopatra im Bade - nur hier als Ess-Delikatesse für vegetarische Vierbeiner.

Einen Schiefer zog ich mir gleich direkt ein bei ihr, als ich unschuldig fragte, ob denn nicht auch wildes Kraut sehr schön blühe und vor allem, woran man denn eigentlich erkenne, was Unkraut wäre? **"Aber Kind, das ist doch ganz einfach: Unkraut ist alles, was Du nicht gesät und gepflanzt hast."**

Unkraut oder Bio-Wiese?

3

April

Tag der älteren Generation

Ich habe es langsam satt, die bösen Äuße-rungen von jüngeren Politikern, die vor-rechnen, dass Rentner zu lange leben und dafür finanziell bestraft gehören. Oder all diese Sprüche wie: *"Man ist so alt wie man sich fühlt"* - *"Wer Schönes liebt, wird niemals alt"* - und so unendlich weiter, einschließlich aller Facebook-Simpeltests: *"Hurra, Du bist eigentlich erst 34 Jahre alt"*.

Ja, zum Teufel, pardon, warum soll ich nicht alt werden dürfen? Darf man sich gut fühlen, auch wenn ich mich nicht fühle wie ein pubertierender Teeanager oder wie 34? Da machte ich noch so viele Fehler, war noch unsicher - das ist doch keine Option für mich! Und warum soll ich mich unbedingt jünger fühlen, wenn ich ein "tercera edad", wie die

Spanier so schön sagen, genieße? Das erste Drittel sind die lernenden Lebensjahre, denen die arbeitenden folgen, und mit dem letzten Drittel sind nun **endlich die genießenden Jahre** gemeint!

Tappen wir alle in die Falle der Werbung vom bekloppten Jugendwahn, dem so viele durch Manipulationen im wahrsten Sinne des Wortes ihr wahres Gesicht opfern? Okay, eine ganze Schönheitsindustrie lebt gut davon, ist ein nicht zu unterschätzender Wirtschaftsfaktor, ist mir auch wurscht, was die anderen machen, so lange sie nicht meine Kreise stören! Die Folge sind aber, wenn man kritisch die Hochglanzmagazine betrachtet, so etwas wie Klone, eine Menge von Damen, die sich dann zum Verwechseln ähneln mit starren Gesichtern durch mindestens Botoxspritzerei.

Ja, haben die denn gar kein Selbstbewusstsein? Ehrlich und polemisch gesagt: Mit den knackigen Ukrainerinnen beispielsweise, die im Hafen am Abend herum schweben, können sie doch eh nicht mithalten! Spätestens der Blick der Augen, auch wenn sie rundherum die Lider heben ließen, wirkt erfahrener, wissender, eben im guten Sinn älter.

An mich lasse ich kein Messer oder Nervengift! Von diesen scharfen Antifaltencremes kriege ich eher Pickel und Allergien. Und ist es nicht weise gedacht von der Natur, dass mein Partner im Alter weitsichtig wird, also im Bett neben mir liegend nicht mehr so scharf sieht?! Ist es nicht überhaupt einer der schönsten Heiratsanträge, wenn es heißt: *"Mit Dir zusammen möchte ich alt werden"*?

Oben ein Rubinpaar = 40 Jahren Ehe

Der **Tag der älteren Generation** ist seit 1968 bereits ein internationaler Aktionstag, der auf die Belange der älteren Generation aufmerksam machen soll. Aufgrund der demografischen Entwicklung ist in Zukunft damit zu rechnen, dass ältere Menschen später als heute in Rente gehen werden, aber auch Unternehmen vermehrt auf den Rat von ehemaligen Mitarbeitern angewiesen sein werden. (*s. auch Omatag*)

Ob als Hardcover, Taschenbuch, Hörbuch oder E-Book - Hauptsache, es wird überhaupt gelesen! Der Welttag des Buches feiert die Kultur des geschriebenen Wortes. Die Erfindung des Buchdrucks durch Johannes Gutenberg gilt als eine der wichtigsten Erfindungen der Menschheit.

Wie allgemein bekannt, erhält man durch Lesen einen guten Wortschatz. Lesefeste allerorten sollen deshalb besonders Schüler und Jugendliche ansprechen. Und nicht zu vergessen das chinesische Sprichwort: Man sollte in seinem Leben einen Baum gepflanzt, einen Sohn gezeugt und ein Buch geschrieben haben!

Bevor ich schrieb, las ich. Ich war lesesüchtig, ich las mit der Taschenlampe unter der Bettdecke bis nachts um zwei Uhr. Mein erstes Buch kam 1983 heraus, zusammen mit meinem Mann: *"Motorradfahren mit Spaß und Verstand"*. Ich war für den Text zuständig, er für die Technik und die Fotos. Inzwischen sind es mit diesem insgesamt schon 11 Bücher* geworden.

Zum Tag des Buches siehe auch unter "Tag der Poesie" am 21. März und das Kapitel zum "Welttoilettentag" am 19. November

---

* Mehr dazu auch auf meiner Autoren-Webseite: http://historiette.jimdo.com

29

April

Tag desTanzes

Die UNESCO nahm 2010 als schützenswürdiges Kulturgut auch den Flamenco in ihre Liste auf. Und weil ich etwas von Flamenco und der „Abart" Sevillana vestehe, die ich selbst lernte und tanze, soll die Rede von diesen originellen Tänzen zu Ehren dieses Tages sein!

Wenn etwas für typisch Spanisch steht, dann ist es der Flamenco. Fälschlicherweise wird er als andalusische Folklore gesehen, so wie Schuhplatteln in Bayern. Flamenco aber steht ursprünglich nicht für den Tanz, es war der wehmütige Gesang der Gitanos, der Zigeuner, dargeboten zunächst nur von Männern. Es wird überliefert, dass vor allem die Zigeuner aus Indien diese Kunstform im 15. Jahrhundert nach Andalusien brachten. Es mischten sich auch Elemente der byzantinischen Liturgie, arabische und persische Musik und die Synagogengesänge der Juden darunter. Erst im 19. Jahrhundert kam die Tanzform auf, zunächst auch nur für Männer, später für Frauen.

Der Tanz der Männer besticht dabei durch eine komplizierte schnelle Fußtechnik, begleitet vom Gitarrenspiel und dem Klatschen der begleitenden Künstler. Bei den Frauen kamen dann die eleganten Hand- und Armbewegungen hinzu. Jede Tanzlehrerin hat den berühmten Tipp auf Lager: Man stelle sich vor, man recke sich mit der Hand hoch, drehe eine Glühbirne aus einer Lampe, wische die staubige Birne an der Seite am Kleid ab und werfe die Glühbirne dann weg in den Abfalleimer.

Kulturgut Flamenco und Sevillana

Ebenfalls im 19. Jahrhundert wurde in Sevilla eine fröhlichere Abart des Flamenco erfunden: die Sevillanas. Eigentlich ist es eine Folge von vier Tänzen mit vorgeschriebenen Schrittkombinationen. Sie sind leichter zu erlernen als der ernsthafte Flamenco und im Gegensatz zu ihm strahlen sie nicht Schwermut, sondern Lebensfreude aus. Die Flamencozentren bilden seitdem Sevilla, Jerez und Puerto de Santa Maria. Das Zigeunerviertel des letzteren gilt überhaupt als Geburtsstätte des Flamenco.

Reduziert und weniger streng wird Flamenco heute von Gruppen in Touristenlokalen vor allem als Tanz aufgeführt, nachdem er seinen Siegeszug durch sogenannte Tablaos, Flamencolokale, die es in allen größeren Städten Spaniens gibt, angetreten hatte. Allerorten schießen entspechende Tanzschulen aus dem Boden – auch in Deutschland. Der Kursaufwand aber lohnt sich: Die Fröhlichkeit des Tanzes ist ansteckend und hat einen unschätzbaren Vorteil: Man kann Sevillana auch alleine tanzen, ohne einen männlichen Tanzmuffel aufs Parkett zerren zu müssen!

5
Mai
Tag des
Nacktgärtnems

Da dieser wirklich kuriose Tag von Mark Storey, einem Journalisten eines Nudistenmagazins, 2005 ins Leben gerufen wurde, heißt er eigentlich „World Naked Gardening Day". Seit 2006 wird er jeweils Anfang Mai begangen. Dabei geht es den Veranstaltern um ein gesundes Körpergefühl. Er ist lustig gemeint, nicht politisch! Wird auch meist nicht in Gruppen begangen, sondern im eigenen Garten.

Anzuraten ist an diesem Tag nicht unbedingt das Beschneiden von Rosen oder Entsorgen klebrigen Unkrauts, sowie Kakteen umtopfen...

Aber man kann diesen Tag auch **allgemein als Tag des Gärtnerns** feiern und sich mal folgende erforschte Tatsachen ins Gedächtnis rufen:

Gärtnern ist sehr gesund! 30 Minuten Gärtnern sind genauso viel wert wie dieselbe Zeit Walking oder Radfahren.

Man fühlt sich nach Gartenarbeit, Pflanzen einsetzten, gebücktem Unkrautjäten oder Gemüseernten, als ob man ein ausgiebiges Workout hinter sich hätte. Der ausgeprägte Muskelkater am nächsten Tag scheint dies zu bestätigen. Und was bewirkt Gartenarbeit im Detail im Körper?

Nach dem nationalen englischen Institut für Gesundheit Gartenarbeit sei eine gute Verbindung von Bewegungsgymnastik und Kalorienverbrennung. Folgende Muskelgruppen werden dabei trainiert: Beine – Gesäß – Arme - Schultern, - Hals - Rücken – Bauch. Deshalb hier die sechs Vorteile dieser Beschäftigung:

+ Die allgemeine Beweglichkeit erhöht sich,

+ Gelenke werden gekräftigt,

+ Bluthochdruck und Cholesterinspiegel gesenkt,

+ das Diabetesrisiko verringert.

+ Man kann abnehmen damit.

• Der Ostereoporosis wird vorgebeugt, beziehungsweise verlangsamt sich bei einem Krankheitsverlauf.

Man kann Gewicht reduzieren mit anstrengender Arbeit bei Blumenpflege und im Gemüsegarten, bezogen auf 30 bis 45 Minuten der jeweiligen Aufgabe. So kostet:

Löcher graben für Sträuchereinsetzen etwa **bei Männern** 197 Kalorien, **bei Frauen** nur 150 Kalorien.

Einpflanzen verbrennt bei Männern 177kal, bei Frauen 135 Kalorien,

Unkrautjäten: bei Männern 157, bei Frauen 156 Kalorien.

Noch ein **Tipp**: Man sollte vor Beginn der Gartenarbeit ein paar Stretchübungen durchführen und besser natürlich am Morgen statt in der Mittagshitze arbeiten– ob **nackt oder bekleidet!**

6
Mai
Antidiättag

Der Mai ist der Frühlingsmonat und im Frühling haben Diätrezepte Hochkonjunktur, wenn der so genannte Winterspeck weg soll, weil er nicht mehr durch dicke Mäntel und Jacken gnädig verdeckt wird. Wie wunderbar, dass es da einen trotzigen Antidiättag gibt! Zu dem will ich meine Erfahrungen mitteilen.

Ich selbst habe nämlich ganz schlechte Erfahrungen mit Diäten, ich habe nicht den Charakter dazu! Es war meine Mutter bei einem ihrer Besuche, die mir das Heilfasten anpries und es mir vor allem auch mit dem „geistigen Entschlacken" schmackhaft machte. Also wollte ich dies letztes Jahr in der Karwoche streng nach Vorschrift auch durchführen. Den ersten Tag mit dem Obsttag übersprang ich gleich in meiner Ungeduld und begann sofort mit dem Glaubersalztag. Ich weiß nicht, ob die geschätzte Leserschaft die Wirkung von Glaubersalz kennt?! Aber können Sie sich noch an den berühmten Filmausschnitt erinnern, als Peppone den Don Camillo zwang, ein Glas Rizinusöl auf einen Sitz zu leeren....? Ich fühlte mich sterbenskrank, hatte gemeines Kopfweh (bestimmt wegen heftigen Kalorienentzugs).

Mutti konnte ihn aber nicht lassen, ihren beziehungsreichen Blick auf meine Hüften, und so erinnerte ich mich der Einstoffdiäten wie drei Tage lang nur Kartoffeln essen oder so. Kreativ wie ich nun mal bin, wandelte ich diese eintönige Diät etwas ab: Wenn schon einseitig, so dachte ich, dann doch gleich mit meinem erklärten Lieblingsnahrungsmittel – ohne Fett, kaum Kohlehydrate - nämlich mit den abwechslungsreich bunten Gummibärchen.

Also gab es am ersten Tag etwa eineinhalb Pfund Gummibären verschiedenster Farben –einen zweiten und dritten Tag gab es dann nicht mehr, da mir an diesen Tagen speiübel war und ich notgedrungen zwei Kilo im Schnellverfahren abnahm. Ich fürchte, die Diät hat nur einen Nachteil: Ich kann sie nie mehr durchführen, denn nun wird mir schon beim Gedanken an Gummibären schlecht.

13
Mai
Lachtag

"*ie Frau Hefele – die lacht immer so viel!*" Dieser Satz eines Nachbarn im Bergischen Land ist mir deshalb im Gedächtnis, weil er dies doch glatt in einem vorwurfsvollen Ton von sich gab! Tja, Deutschlands dünnstes Buch sei das über Humor, kolportieren die Holländer über uns. Ein Vorurteil, klar. Aber ein Lachtag tut uns schon gut, denn Lachen ist gesund:

- ⊼ Es aktiviert mehr als 80 Muskeln, ein grantiges „G´schau" nur 10.
- ⊼ Es produziert die berühmten Glückshormone, die Endorphine, stärkt damit die Abwehrkräfte, baut Stress ab.
- ⊼ Es regt die Atmung an und wirkt wie eine Sauerstoffdusche.
- ⊼ Verstärkt die Gehirndurchblutung,
- ⊼ normalisiert den Blutdruck,

⚓ forciert die Verdauungsvorgänge.

Na, danach geht's mir wirklich gut, wenn man meine vielen Lachfältchen betrachtet! Inzwischen wird Lachen wie so vieles ernsthaft betrieben - in eigenen Lachclubs. Ja, lachen Sie nicht! Oder lieber doch, aus vollem Herzen.

Übrigens gibt es zum Internationalen Lachtag auch einen ernsten Hintergrund. Der amerikanische Journalist Norman Cousins litt an starken Schmerzen durch eine Wirbelgelenkentzündung. Als er begann, lustige Filme anzusehen und dabei herzhaft zu lachen, bemerkte er, dass seine Schmerzen nachließen. Nach und nach wurde er wieder beweglicher. Seine Genesungsgeschichte aus dem Jahr 1964 regte viele Ärzte und Forscher an, sich mit der Wissenschaft vom Lachen, der Gelotologie zu beschäftigen.

2

Juni

Welthurentag

Ich erinnere mich noch gut, als ich eine neue Stell in Osnabrück antrat und an meinem ersten Tag in der Firma schicke, rote Lederstiefel mit hohen Absätzen zu einem schwarzweißen Zweiteiler trug. Monate später hat mir ein Vorstandsmitglied, weiblich, hinter vorgehaltener Hand zugeflüstert, dass sie damals alle den Atem angehalten hätten, was sie sich denn da an Land gezogen hätten als Führungskraft und ob ich nicht wüßte, dass seit Jahrhunderten die Damen des horizontalen Gewerbes an ihren roten Stiefeln auf der Straße zu erkennen seien! Wusste ich nicht! Ist mir auch wurscht, zum einen weil rot eine meiner Lieblingsfarben ist, zum anderen, weil ich nur alles in schwarzweiß langweilig fand. Und trug weiterhin diese Stiefel.

Klar, rot steht für die Liebe, ein rotes Kleid gilt als sexy und deshalb verwundert es nicht, dass ein roter Schirm von den Sexarbeiterinnen, wie sie sich selbst nennen, gewählt wurde als Symbol für ihre Rechte, gegen Gewalt, Kriminalisierung und Diskriminierung.

Den Hintergrund für diesen Welthurentag bildete ein Kampf der Prostituierten in Frankreich 1975, als Stundenhotels geschlossen, Straßenprostitution verboten und die Damen regelrecht verfolgt und bestraft wurden. So flüchteten sich am 2. Juni 1975 circa 100 Frauen in Lyon in eine Kirche, um so auf diese Missstände aufmerksam zu machen. So wird nun jedes Jahr am 2. Juni von den "Huren" weiterhin für mehr Toleranz und bessere Arbeitsbedingungen gekämpft.

Der rote Schirm als Symbol für Toleranz

Dabei ist es das "älteste Gewerbe der Welt", wie ein Klischee es beschreibt. Kein Grund von "Normalbürgern", verächtlich und scheinheilig empört darauf herab zu sehen. Prostitution kann ein Ventil bilden, um Aggressionen zu verhindern, und wie viel Prostitution gibt es auch in der Ehe, wenn wegen neuer Schuhe die Frau sich hingibt, obwohl ihr sonst nicht gerade der Sinn danach steht? Wie oft wird sich auf der Karriereleiter hinaufgeschlafen? Nicht nur von Frauen, sondern auch von Männern!

"Sich prostituieren" - das steht auch im übertragenen Sinne für "seine Seele verkaufen", vielleicht für einen Job oder in der Politik. Apropos Politiker, die immer noch über Callgirls stolpern können – da gibt es ja berühmte Beispiele von Ministern und auch von Bankern.

Apropos rot; da hat unsere Finca eine ganz lustige Vorgeschichte: Der Vorbesitzer erzählte beim Verkauf, dass seine Neffen ihm seinerzeit beim Einzug zwei rote Außen-Lampen geschenkt hätten, und da die Finca nur 700 Meter von der Hauptstraße weg liegt, wunderte er sich anfangs immer, warum so viele Lastwägen den Weg zu ihm hinauf nahmen und entsprechende Fragen stellten! Damit kein Missverständnis entsteht: Unser Haus hat jetzt grüne Außenleuchten mit gelben Energie-sparlampen darin!!

23

Juni

Dia de Español

D er Sommersonnenwendetag ist jetzt immer
der Dia de Español. Den rief das Cervantes-
Instituts erstmals 2009 aus. Das Instituto Cervantes
in 78 Städten auf 5 Kontinenten ist für Spanien das,
was das Goethe-Institut für Deutschland ist: eine
Einrichtung, die jeweilige Kultur und Sprache des
Landes weltweit zu verbreiten.

Den Tag der „Noche des San Juan", also den Jo-
hannestag, den Sommeranfang, wählte man für „El
dia E", wie er auch genannt wird, weil eben immer
noch am besten Sol, die Sonne, das Spanische ver-
körpere.

Das Wachstum und die Verbreitung der spanischen Sprache nimmt immer weiter zu. Englisch
ist zwar die Haupt-Weltsprache Nummer Eins, aber
was die Bedeutung für die Wirtschaftskommunikati-

on angeht, kommt danach gleich Spanisch. Das spiegelt auch das Internet wider: Im World Wide Web liegt Spanisch nach Englisch und Chinesisch an dritter Stelle. Damit hat es seit Jahren das Französische abgelöst.

Letztes Mal luden die Cervantes-Intitute ein, das jeweilige Lieblingswort in Spanisch zu wählen: Sehr beliebt war da im Internet *„limón"*. Weil es für ein Land steht, *„in dem die Zitronen blühen",* um Goethe zu zitieren? Also ich bin da gleich spontan in mich gegangen: warum nur **ein** Wort? Damit kann ich mich nicht begnügen!

Als erstes habe ich ein Lieblings-schimpfwort: *„loco"* (Verrückter!) und als normales Alltags-Wort: *„¡vale!"*. Es heißt ja *„in Ordnung",* klingt aber viel schöner als das *„okay".* Mit einer anderen Betonung *„¿vale?",* heißt es dann: *„Verstanden? Kapiert?"* Literarisch wird es angeblich für *„Lebewohl"* gebraucht und in Mexiko für *„Kumpel".* Also ein vielseitig verwendbares Wort.

Auf meine Frage wählte eine Freundin als **Lieblings-Alltagswort das schlichte „y".** Sie erklärte dazu auch bereitwillig, dass dies bei langatmigen Erklärungen im Spanischen das Signal sei, dass man nun dem Redner ins Wort fallen könne, wenn er Luft hole und mit *„y"* weiterfahren wolle, und so parallel mit ihm die eigene Sicht der Dinge darstellen könne. Darüber rege sich ja hier anders als in

Deutschland keiner auf. Ist das nicht eine herrliche Erklärung für das eigentlich harmlose „und"?

Das Schlusswort aber gebührt dieses Mal meinem Mann. Nach dem Motto: „Ein Mann, ein Wort", wählte er : „*Sí*". Er hat ja recht: *Ja* ist das positivste Wort in jeder Sprache überhaupt, vor dem Trau-altar wie beim Abschluss eines Vertrages mit einem Kunden, es bezeichnet Zustimmung und bedeutet auch, dass man verstanden hat, was das Gegenüber zu einem sagte.

7

Juli

Tag des Kusses

Die Franzosen tun es, die Belgier tun es, die Russen tun es, die Karnevalisten tun es, die Schicki-Micki-Gesellschaft sowieso von jeher und allgemein wird es immer üblicher anstelle des Handschlags: das Begrüßungsritual des Bussi links, Bussi rechts.

Angeblich soll es nach neuesten Erkenntnissen auch noch weniger gesundheitsgefährdend sein als der gegenseitige Händedruck, da wir an unseren Händen die meisten Bakterien transportieren!

Gut, ich habe nichts dagegen, wenn es ein junger, fescher Typ ist, der auf mich zustürzt und mir einen Schmatz auf jede Wange drückt, aber ich muss eine schauspielerische Leistung vollbringen, wenn das Gegenüber – na, ich will jetzt niemanden ungewollt beleidigen, also, sagen wir mal vorsichtig, nicht ganz meinem Männertyp entspricht. Und gerade letztere nutzen die Situation auch noch gerne aus, treffen absichtlich daneben und damit auch noch mitten auf den Mund! Womöglich noch ziemlich feucht – bäh!

Es geht ja das Gerücht, dass die spanischen Männer dies alles erfunden haben, um jede Frau ungestraft küssen zu dürfen. Die Nachkommen des Don Juan haben darin eine jahrhundertealte Erfahrung. Sie wissen auch, wie es richtig geht! Denn, was immer Ihnen auch Lehrer in Sprachkursen weis machen wollen: Es ist **nicht egal, wie und wo man** beginnt! Wir sind hier im westlichen Kulturraum, immer noch, da liest man von links nach rechts, sieht sich im Museum Bilder an von links nach rechts, und deshalb hier die Zusammenfassung für alle, damit man nicht unsanft mit den Nasen zusammen stößt:

1. Wie beim Tanzen führt der Mann und beginnt, indem er mit der Hand fest die Taille der Frau packt;

2. Schritt: Vorbeugen nach links, Bussi des Mannes erst auf die rechte, dann die linke Wange der Dame, bei der Frau läuft es natürlich spiegelverkehrt und gleichzeitig. Und herzhaft (trocken wenn es geht) bitte. Denn Gärtner Miguel beschwerte sich eines Tages bei mir, dass ich nur gnä-

dig die Wange reichte - das gilt nicht! Das werten die stolzen Spanier als Ausdruck der Arroganz.

3. **Für Brillenträge**r: Bitte vorher die Brille abnehmen, auch wenn Sie dann nur verschwommen sehen.

Ach ja, liebe Freunde aus Frankreich und Belgien: Nein, ein für allemal nein! Nicht noch einmal einen drauf und zurück, also drei Mal - gewöhnt Euch das endlich ab, denn das ist unhöflich und sorgt für einen Stau der in der Schlange wartenden Männer!

Wangenküsse sind im Süden gang und gäbe

1
August
Tag des
Bierbauchs

Bekanntlich soll man ab 40 Jahren Fett ansetzten. Die Frauen eigentlich mehr an den Hüften, die Männer aber mehr um die Taille. Und bei ihnen, den Männern eigentlich schon ab 30 Jahren. Die Engländer haben eine despektierliche Bezeichnung dafür: "the middle-ages spread", die Ausdehnung im mittleren Alter! Oft setzt der Hals auch noch gerne hinten eine kleine Speckrolle an und manche Männer bilden auch Brüste aus.

Tja, die biochemischen Vorgänge verlangsamen sich halt, man verbrennt die Kalorien nicht mehr so schnell wie im zappeligen Teenie-Alter!

Bekannt ist ja, dass das Bauchfett, der „Rettungsring", das „Hopfengrab" bei Männern so gefährlich ist und für Herz- und Kreislaufprobleme verantwortlich sein kann. Aber allein die genannten Umschreibungen zeigen, dass der Mann seinen Bierbauch nicht so ernst nimmt. In Spanien wählen die Machos gleich die herrliche Umschreibung: „curva de felicidad": das heißt Glückskurve, weil die Frau so gut kocht!

Und welcher Kabarettist war es, der so schön beschreibt, welche Unterschiede der Geschlechter sich bei der Betrachtung im Spiegel ergeben: Die Frau dreht sich zur Seite, bejammert bei sich den ausgeprägten Po und die feisten Oberschenkel, der Mann hingegen stellt sich frontal zum Spiegel, zieht ein bisschen den Bauch ein und sagt sich: „Passt scho!"

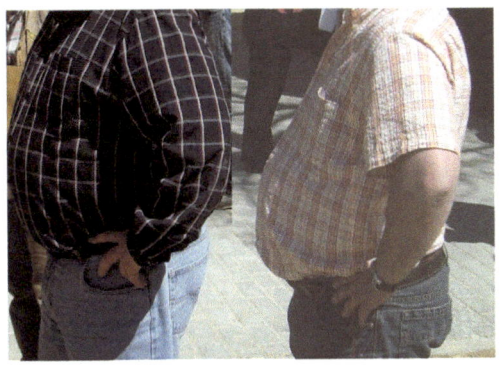

Sind Bierbäuche beim Mann unvermeidlich?

8
August
Katzentag

Sie stammt ursprünglich aus Ägypten, galt als teuflisch im Mittelalter, zum Beispiel als Begleittier der verfolgten Hexen, und ist erst seit dem 18. Jahrhundert zum beliebten Hausgenossen und Schmusetier aufgestiegen: die Katze. Katzen, die ihre Raubtierherkunft nicht verleugnen können, nach wie vor als eigenwillig gelten, sind zum Beispiel **in Deutschland mit drei Millionen das beliebteste Haustier** - noch vor dem Hund.

Kein Wunder, dass der Katze ein eigener Tag gebührt, der ursprünglich auf Missstände aufmerksam machen sollte. So war es jedenfalls 2002 zur Einführung des Weltkatzentages vom „International Fund for Animal Welfare" (IFAW) gedacht.

Hier die 10 bemerkenswertesten Eigenschaften der Katzen:

1. **Schlaf** ist für Katzen sehr wichtig, besonders in der Wachstumsphase. Katzen schlafen zwischen 12 und 14 Stunden am Tag. Das kann im Alter bis zu 18 Stunden gehen.

2. Katzen schwitzen über ihre **Pfoten**kissen, kratzen deshalb gerne auf dem Teppich oder an unseren Sofas, nicht etwa aus Zerstörungswut, sondern um ihren Duft dort zu hinterlassen.

3. Geben Sie ihren Katzen (wie überhaupt auch anderen Haustieren) **keinen Zucker** oder Süßigkeiten. Sie reagieren auch empfindlich auf Salz, Saures und Scharfes.

4. Wussten sie, das **Kätzinnen** hauptsächlich Rechtspfoter sind, während die männlichen Katzen zu den Linkshändern zählen?

5. Die Frequenz des **Schnurren**s einer Katze ist mit einem langsam fahrenden Dieselmotor zu vergleichen. Außerdem bedeutet das Schnurren weniger Zufriedenheit, sondern ist mehr eine Form der Selbstheilung oder der Nervosität.

6. Katzen haben einen beeindruckenden Stimmumfang: Sie können bis zu **1.000 verschiedene Töne** hervorbringen, das sind zehn Mal mehr als ein Hund. Dafür aber ist ihr Geruchssinn, wenn auch gut entwickelt, so dass sie auch Chemiemi-

schungen aus drei Zutaten unterscheiden können, dennoch nicht ganz so gut entwickelt wie der des Hundes.

7. Katzen **jagen**, selbst wenn sie keinen Hunger haben. Das ist natürlich und ist als Übung für ihr Muskeltraning sowie als Energieabbau zu sehen.

8. Eine Katze kann fünf Mal so hoch springen wie ihre Größe - und das ohne Anstrengung.

9. Die langen **Barthaare** dienen vor allem in der Dämmerung und nachts zur Orientierung.

10. Sie mögen es nicht, wenn eine andere Katze in **ihr Revier** eindringt, dann hört man Schreie, die Zähne werden gezeigt und Tatzenhiebe ausgeteilt. Wobei kastrierte Katzen weniger aggressiv reagieren.

Zufriedene Katzenfamilie

13

August

Linkshändertag

Einstein war einer, Dürer, Beethoven, Goethe, Victor Hugo und Franz Josef Strauß auch, aber genauso sind es heute Lady GaGa, Dieter Bohlen, Karl Lagerfeld, Maradona und mein Bruder. Alle Linkshänder nämlich. An meinem Bruder erlebte ich, wie Eltern und vor allem ein Ingenieursonkel ihn auf rechts trimmen wollten, seinerzeit.

Vor längerer Zeit war und noch heute ist es bei vielen Völkern üblich: die linke war/ist die „böse" Hand. Meine Eltern damals meinten es nur gut mit meinem Bruder, da unsere Welt auf Rechtshänder eingestellt ist, vom Schreiben bis zum Werkzeugbedienen. Haben Sie mal bedacht, wie ein Linkshänder allein eine „normale" Schere benutzen soll? Inzwischen gibt es aber im Internet, in dem es jetzt fast alles gibt, einen Versand für Extra-Artikel für Linkshänder, von einer toughen Linkshänderin aus Sachsen-Anhalt ins Leben gerufen. Dort gibt es auch die umgekehrte Schere!

Mein Bruder schneidet bei seiner Hochzeit
die Torte mit der linken Hand an

10 bis 15 Prozent der Weltbevölkerung sollen Linkshänder sein - genau weiß man das nicht, denn viele geben es nicht zu oder haben sich umtrainiert und zählen sich nicht mehr dazu. Auffallend: Unter den Mathegenies in den USA sind 25 Prozent Linkshänder, also überdurchschnittlich mehr. Erstaunlich, wie viele amerikanische Präsidenten alles mit

links erledigten: Bush senior, Bill Clinton und auch Barack Obama.

Schon im Mutterleib kann man übrigens sehen, wer später ein Linkshänder ist: Er lutscht als Fötus am linken, der Rechtshänder am rechten Daumen! Wer genau hinschaut, entdeckt auch in der Tierwelt Linkspfoter oder wie man das nennen will. Mein Pferd galoppiert beim Bogen lieber links als rechts herum.

Die Universität Zürich untersucht zur Zeit in einre Studie den Mythos, dass Linkshänder besonders kreativ und sprachbegabt seien. Da fällt mir doch ein, ich bin sowas wie eine Halblinke: Mir gelingt der Linksschwung beim Skifahren besser und ich schäle meine Orangen mit der linken Hand!

Den Linkshändertag gibt es seit 1976, als der 13. August auf einen Freitag fiel und sich diesen der amerikanische Psychologe Dean Campbell auswählte, um mit einem Welttag für Linkshänder die Rechtshänder aufzuklären und zu mehr Toleranz aufzurufen.

23
September
Tag des
Olivenbaums

Im Olivenhain in Ligurien

Bisher kam die Fauna gut zu Ehren mit Kat-
zen- und Hundetagen, höchste Zeit auch,
der Flora zu gedenken. Was gibt es da über die Ge-

schichte hinweg Bedeutenderes als den Olivenbaum?

Bereits die Bibel erwähnt ihn des öfteren, dann meist als Ölbaum, dessen Zweig zum Beispiel im Schnabel einer Taube, die zu Noah auf die Arche geflogen kam, das Ende der Sintflut anzeigte. Nicht zuletzt deshalb gilt der Olivenbaum als Symbol des Lebens und der Weisheit, auch bei den Kelten etwa.

Jesus ging vor dem Tag seiner Kreuzigung auf den Ölberg. Olivenhaine galten als nahezu heilig bei den Griechen und Römern. Es waren dann um das Jahr 1000 christliche Mönche, die den Anbau in gekonnten Terrassen, die sie durch Trockenmauern abstützten, kultivierten. Sie pflanzten die Bäume immer im gleichen Abstand, so dass es bis in unsere heutigen Zeiten üblich war, Grundstücksgrößen in der Zahl der Olivenbäumen darauf anzugeben. Und auch der Reichtum von Dorfbewohnern bemisste sich nach der Zahl der Olivenbäume, die ihnen gehörten. So um die 300 Stück, und man gehörte zu den wohlhabenden Partien.

Olivenbäume sind aus dem Mittelmeerraum nicht wegzudenken. Es sind immergrüne Bäume, deren Blätter einen Silberschimmer aufweisen. Das Beste aber sind ihre Früchte, die grünen und schwarzen Oliven, die das begehrte gesunde Öl ergeben und heute nicht nur aus der Küche, sondern auch aus der Kosmetik nicht mehr wegzudenken ist.

27

September

Butterbrottag

Gibt es Schöneres als den Kanten eines frischen deutschen Brotes, dick mit Butter beschmiert? Da werden Kindheitserinnerungen bei mir wach, als wir uns am Familientisch um den Kanten stritten, wer ihn dieses Mal kriegen sollte, und das Geschimpfe der Eltern, wenn nach dem Einkaufsweg vom Bäcker nach Hause schon Teile des noch warmen Brotes fehlten, weil ich es nicht mehr erwarten konnte. Ich schwor mir schon damals: Wenn ich einmal groß bin, dann schneide ich mir das Brot von beiden Seiten an, dann habe ich zwei Kanten! Und das mache ich auch heute, einer der Vorteile, wenn man erwachsen ist! Bilder steigen hoch, wie wir Kinder uns nach dem Spielen auf der Straße einfach nur Schnittlauch oder Knoblauch auf ein Butterbrot streuten mit Salz darauf – das mache ich heute noch. Oder die süße Variante mit Zimt und Zucker aufs Butterbrot: Nie und nimmer kann so ein Pappkarton-Baguette, Schwabbel-Weißbrot und Pseudo-Semmel/Brötchen mithalten, oder was sonst so in aller Welt sich Brot nennt.

Klar, es gibt auch das Wort: *„In der Not frisst der Teufel die Wurst auch ohne Brot.“* Bei mir muss es eher heißen: In der Not esse ich Brot mit Butter ohne Wurst, letzteres soll eh nicht so gesund sein, aber dick Butter darauf muss sein.

Ein Hoch aufs deutsche Butterbrot!

Glücklicherweise haben deutsche Bäcker weltweit die Marktlücke erkannt, sie sind fast überall die ersten Unternehmer, die zwischen Spanien und Südbrasilien die Auswanderer mit dieser Traditionsware versorgen, noch bevor deutsche Fleischer, Klempner, Anwälte und deutsche Schulen ihre Dienste anbieten. Ausländer zollen uns auch Respekt für unser Brot und schwärmen selbst davon, ja, ich habe sie dabei ertappt, wie sie in den einschlägigen Läden nach echtem Graubrot, Roggenbrot, Mischbrot mit dunkler Kruste greifen.

Der Tag des deutschen Butterbrotes, wird immer am letzten Freitag im September begangen. Im Internet gibt es längst längst eine Seite mit dem Titel: Rettet das deutsche Butterbrot!

1

Oktober
Vegetariertag

Zum Glück heißt es „Weltvegetariertag" und nicht Veganertag! Ich muss ja gestehen, ich zähle mich immer noch zu den „Allesfressern", als die der Mensch konstruiert wurde, lebe aber schon bewusst gesund nach dem Motto: Zweimal in der Woche Fleisch - zweimal Fisch – zweimal Gemüse, also vegetarisch (was ist eigentlich mit Tag 7 - da fehlt mir doch ein Tag? Ach, ja da gehen wir dann ins Restaurant!).

Vegetarisch also, wobei doch die wunderbaren Sahne-Eiersoßen erlaubt sind, durch die mancher Auflauf erst den letzten Schliff bekommt. Apropos Auflauf: Was gibt es Sinnvolleres, als zum Vegetariertag zwei typische und passende Rezepte aus meinem Fundus zu veröffentlichen? Hier sind sie:

1. Mangoldauflauf

Auf einem Backblech zuerst Kartoffelscheiben verteilen. Wenn es schnell gehen soll, dann vorher Pellkartoffeln kochen, schälen und so die Kartoffelscheiben als erste Schicht auf dem Blech aufbringen. Als nächste Schicht nun darauf gewaschene und grob geschnittene Mangoldblätter verteilen. Auch die kann man vorher in heißem Wasser kurz dünsten. Darüber nun frisch gepressten Knoblauch geben und etwas Dill. Als nächste Schicht kommen Tomatenscheiben darauf. Die sollte man vorher schälen, indem man sie in heißes Wasser gab. Nun eine Soße anrühren aus:

> *Zwei Eidotter*
> *Zwei Esslöffel Creme Fraiche*
> *Zwei Esslöffel Joghurt*
> *eine kleine Tasse saure Sahne*
> *ein halber Teelöffel Salz*
> *ein halber bis ganzer Teelöffel Pfeffer*
> *ein Teelöffel gemahlene Muskatnuss*

Alles verrühren, über den Mangold gießen, das Blech in den Ofen schieben und bei 180 Grad backen, bis sich obenauf eine schöne hellbraune Kruste bildet. Bitte nicht mehr als mit 180 Grad überbacken, denn neuere Untersuchungen zeigen, dass ab 200 Grad die Hitze zu viel zerstört. **Achtung:** Mangoldblätter gut mit der Soße bedecken, sonst werden sie schneller braun als die Soße. Selbstverständlich kann man den Auflauf auch in eine feuerfeste Glas-Schale füllen. Übrigens kann man das Rezept genauso mit Spinat durchführen anstelle des Mangolds. Es eignet sich auch gut in kleinerer Portion als Vorspeise.

Für überzeugte Veganer habe ich doch einen Vorschlag: Nur die Gewürze aus dem Soßenrezept noch über den Mangold streuen und im Ofen das Ganze warm machen. Vom Gourmetstandpunkt ist es allerdings schade darum, wenn man die Soße wegläßt!

Mangold wächst gut im Garten, ist außerdem nicht anspruchsvoll

2. Dinkelauflauf

Ein halbes Kilo Dinkel (= Grünkern)
zwei Eier,
ein halbes Pfund Tomaten
Gewürze wie Salz, Pfeffer, Knoblauch
Kräuter wie Schnittlauch, Petersilie, Dill

Den Grünkern gut waschen und in einem Topf mit Salzwasser erst einmal weich kochen. Inzwischen von zwei Eiern die Dotter und das Eiweiß trennen. Das Eiweiß schaumig schlagen. Außerdem zwei große oder vier kleine Tomaten erhitzen und die Haut abziehen, sie anschließend in Scheiben schneiden.

Den fertig gekochten Dinkel-Grünkern absieben und mit dem Eiweiß sowie Gewürzen wie Salz und Pfeffer, nach Geschmack auch etwas gepressten Knoblauch und mit Kräutern wie Schnittlauch und Petersilie, auch etwas Dill verrühren. Nun kommt in eine feuerfeste Glasschale immer eine Schicht des Grünkerns, dann eine Schicht der Tomatenscheiben, und darüber wird Käse gerieben. Am besten schmeckt echter Pecorino dazu.

Als letztes gibt man über die oberste Dinkelschicht eine Soße aus den zwei Eidottern, etwas saure Sahne und Joghurt und wieder geriebenen Käse. Ab ins Ofenrohr damit bei 180 Grad Celsius für etwa 45 Minuten bei normaler Ober- und Unterhitze.

10

Oktober
Welthundetag

Des Menschen bester Freund – so die gängige Bezeichnung für den Haushund. Wer freut sich schon so überschwänglich und schwanzwedelnd jeden Tag über unsere Ankunft auch nach kurzer Abwesenheit wie der Hund?! Niemand, nicht einmal unser Partner, oder? Deshalb gebührt dem Hund, der Hündin, mit Recht auch ein eigener Tag.

Selbstverständlich haben wir auch einen Hund, Hündin Samba (weil sie überaus mit ihrem Hinterteil wackeln kann!). Und sie ist schwarz! Und das hat seine Vorteile, unter uns, denn sie sieht so bedrohlich aus, und schwarze Tiere wie auch Katzen (sind bei uns auch schwarz, jedenfalls zwei von vier) halten wegen des Aberglaubens vieler Leute besser die Diebe ab als eine Videoanlage!

Samba (*Bild oben*) ist dazu noch ein temperamentvolles Alphatier und duldet keine Götter, sprich weiteren Hunde neben sich. Obwohl Hunde ja Rudeltiere sind und vom Wolf abstammen. Aber halt: Bei Konrad Lorenz las ich, dass es noch eine andere Linie gibt, die ihre Gene vom Schakal hat. Und der will nach dem Welpenalter allein durch die Gegend streifen. Demnach glaube ich, hat Samba viel von diesen Genen.

Aber so intelligent sie ist, so wenig versteht sie die „Fremdsprache" anderer Tiere! Das Unglück nahm seinen Lauf, als sie auf die Katzen zustürmte und sie schwanzwedelnd begrüßen wollte. Es brach eine Welt für sie zusammen, als sie von Kater Fernando mit ausgefahrenen Krallen eine übers Gesicht gewischt bekam! Von da an war die Feindschaft programmiert. Ja, hatte denn dem Hund keiner beigebracht, dass ein peitschender Schwanz bei der Katze sozusagen Gefahr signalisiert und kurz vor einem Angriff sich von einer Seite zur anderen bewegt ?!

Samba sprang auch auf die Pferde zu, um sie zweibeinig aufgerichtet freudig zu begrüßen: Das ist die Hengst-Angriffsstellung, die meine Pferde als Affront betrachten mussten, noch dazu von so einem kleinen Wicht! Also legte Amigo die Ohren an und ging auf Samba los, die nun wiederum analog der Hundesprache angelegte Ohren für einen dargebrachten Respektserweis eines 550-Kilogramm-Riesen-Viehes ihr gegenüber hielt! Wehe dem Hund, der nicht schnell ausweicht!

Zum Schluss soll hier ein wunderbares Gedicht von Carmen Sánchez stehen (übersetzt): *

Für Dich - an meinen Hund

Für dich finde ich kein Gedicht,
für dich habe ich keine Worte,
für dich gibt es eine Ecke in meinem Herzen,
darin ich jede Minute an dich bewahre,
jede Erinnerung und jede Geste.

** *Carmen Sánchez Melgar: „El Ritual de la Ceniza", S.20*

14

Oktober

Omatag

Kinder brauchen nicht nur Eltern, sondern auch gute Tanten und Onkels und liebe Groß-eltern. Wir feiern Muttertag, feiern Frauentag, Män-nertag, Kindertag, jetzt auch Mädchentag am 11. Ok-tober kurz vorher - warum nicht auch endlich der Oma Dank sagen? Zum einen entspricht dies der de-mographischen Entwicklung, zum anderen freut es Floristen und Pralinenhersteller auf jeden Fall. Und schon gibt es Kritik an der Geschäftemacherei mit der Oma. Doch haben nicht liebe Großeltern auf je-den Fall ein Dankeschön verdient?

Angeblich brauchte ein eigener Oma-Opa-Tag in Deutschland 31 Jahre, bis es so weit war. Nach-drücklich sprach sich schon seit Jahren die Senioren Union dafür aus, der Großeltern Report fragte immer wieder im Familienministerium nach. Doch eigentlich sollte endlich das Magazin "Die Bunte" den Stein ins Rollen bringen durch ein Interview mit Ministerin Ursula von der Leyen, nachdem ihre Amtsvorgänger einen bundesweiten Festtag bis dahin immer abgewehrt hatten. Nun also der 14. Oktober als deutscher Ehrentag, der endlich angemessen die Großmutter würdigt.

Oma Agnes

Er soll dazu dienen, **"Danke"** zu sagen. Sind doch die Omas oft diejenigen, die an Stelle der Eltern einspringen, wenn Not am "Mann" ist, die aushelfen, wenn das Taschengeld bei den Enkeln nicht ausreicht, die ein offenes Ohr und oft mehr Zeit haben für die Nöte der jungen Generation, für originelle selbstgestrickte Pullover sorgen und die als lebendige Geschichtsbücher herhalten können. Verdient haben sie eine offizielle Extra-Würdigung auf jeden Fall. Und gerechtigkeitshalber müßte der Tag "Großelterntag" heißen und auch den Opa mit würdigen.

Andere Länder andere Oma-Tage

USA: Der Grandparents Day an jedem ersten Sonntag im September geht auf die Ära von Jimmy Carter und das Jahr 1978 zurück. Aber nicht er initiierte diesen Tag, sondern eine engagierte Großmutter, die 43 Enkel und 15 Urenkel aufweisen konnte.

Frankreich: Hier wird der Tag seit 1987 gefeiert und zwar größer als der Muttertag. Man nahm den ersten Sonntag im März, einen Sonntag, damit wie in den USA kein Arbeitstag verloren gehe. Sind doch Frankreichs Großmütter zu über 50 Prozent unter 50 Jahre jung und noch in der Mehrheit berufstätig.

Italien: Der 2. Oktober ist hier seit 2005 der Großelterntag, der Namenstag von Anna und Joachim, der Großeltern von Jesus. Die Nonna spielt hier eine große Rolle, ähnlich wie die Abuela in Spanien.

Polen: Hier ist der 21. Januar der Omatag und am folgenden Datum darauf, dem 22. Januar, der Feiertag für den Opa. **Schweden:** Hier lebt Filmemacherin Hanna Sköld, die den 21. August zum Welt-Granny-Tag machen will.

25
Oktober
Nudeltag

Wer hat die Nudel erfunden?

Nein nicht die Italiener, die mehr als 30 Kilogramm pro Kopf und Jahr verständlicherweise verdrücken. Ist dort doch kein Tag und Menü ohne Pasta denkbar, die hohe Schule der italienischen Küche nach wie vor. Aber ursprünglich kam die Nudel von den Chinesen über die Entdecker vor mehr als 400 Jahren nach Italien. 1995 wurde der Weltnudeltag von 40 internationalen Pasta-Produzenten erstmals ausgerufen.

Das ist doch mal ein Tag nach meinem Geschmack! Und deshalb verrate ich hier gleich eines meiner Pasta-Lieblingsrezepte. Es muss nämlich nicht immer Pasta Bolognesa sein.

Das soll angeblich die Pasta sein, die sich die Huren von Neapel in den Pausen zwischen den Freiern kochen.

Man nehme also bei vier Personen:

- Sechs Tomaten, die man heiß abbrüht und die Haut abzieht. Wenn diese nicht im Haus, dann Tomatenmark nehmen.
- Circa 20 schwarze, entkernte Oliven,
- ein ganzes Glas Anchovis, also Sardinen,
- ein halbes Glas Kapern,
- pro Person mindestens eine Chilischote oder etliche Spritzer Tabasco.

Die Anchovis und Kapern gibt man zuletzt in die Soße, damit sie nicht zerkochen. Außerdem unbedingt nach Belieben Knoblauch zufügen. Dazu nimmt man auf jeden Fall die Nudelform der Penne und reibt stilgerecht den Käse Pecorino darüber, aber es darf auch Parmesan sein.

Guten Appetit!

3

November

Weltmännertag

Den **Weltfrauentag** am 8. März zu Frühlingsbeginn kennt jeder, der feierte 2011 sogar sein 100jähriges Bestehen. Der fehlt hier, nicht, weil gerade ich als emanzipierte Frau den nicht würdigen wollte, sondern weil nur drei Seiten dafür nicht reichen, was die Probleme der Frauen in unserer Zeit angeht.

Der Frauentag hat eindeutig eindeutig revolutionären Charakter. Der Weltmännertag aber stellt männliche Gesundheitsthemen in den Vordergrund. Frauen sind den Männern ja eigentlich immer voraus. Sie sind schon als Babys zäher, lernen eher laufen und sprechen sowieso, können mindestens vier Tätigkeiten gleichzeitig ausüben und - leben länger!

Nämlich etwa sechs Jahre! Und das war einer der Gründe für diesen Tag der Männer. Sie sollen mehr für ihre Gesundheit tun, Vorsorguntersuchungen ähnlich wie die Frauen besser in Anspruch nehmen. Auf dem Gebiet sind Männer noch ganz muffelig und wurschtig.

Der Weltmännertag wurde unter der Schirmherrschaft von Michail Gorbatschow erstmals 2001 von Wiener Universitätsärzten ins Leben gerufen, mit veranstaltet von der UNO-Niederlassung in der österreichischen Hauptstadt. Es soll am 19. November noch so einen Männertag geben, dieses Mal von der UNESCO, die sonst zuständig ist für weltübergreifende Tage dieser Art. Egal, er ist auch im November und Ziel beider Daten ist es, den Männern mehr Bewusstsein für ihre eigene Gesundheit einzutrichtern.

p.s. Warum aber hat man den populären (Wiener) Weltmännertag eingeordnet zwischen dem Reformationstag und gruseligem Halloween-Aller-Heiligen (viele davon Märtyrer!) auf der einen Seite und Volkstrauertag und Totensonntag auf der anderen?

8

November

Putzfrauentag

Sie wird so geschlechtsneutral „Reini-gungskraft" genannt, auch Zugehfrau oder Reinemachefrau, verhohnepiepelnd wird sie zur „Parkettkosmetikerin" , liebevoll zur „Perle"- aber warum scheut man das Wort „Putzfrau"? Was ist so schlecht an den Wörtern „putzen" und „Frau"? Und wann hören Karikaturisten endlich auf, sie mit Trümmerfrauenturban zu zeichnen? Ich kenne keine Putzfrau, die so etwas trägt!

2004 rief die Krimischriftstellerin Gesine Schulz aus Essen den „Tag der Putzfrau" ins Leben zur Würdigung der mehreren hunderttausend Reini-gungsfrau2en in Deutschland. Mit Recht! Wenn man bedenkt, wie viele Frauen putzen gehen müssen, weil sie in ihrem Originaljob nicht mehr tätig sein können.

Ich kenne viele, die mit Überzeugung sagen: *„Ich putze gerne!"* Ich lernte ihren Beruf hautnah selbst vor Ort kennen und habe seitdem großen Respekt davor. Ich will auch mal eine Lanze für sie brechen. Als Journalistin mit der moralischen Verpflichtung, immer direkt vor Ort zu recherchieren, ging ich mal mit Reinigungskräften in einem Hospital mitputzen (siehe Foto unten)! Ich habe selbst das „Moppen", also das Wischen mit dem Mopp in Achterschleifen probiert - das ist schwieriger, als es aussieht! Mir wurde erklärt wie der Reinigungswagen aufgebaut ist und wie sehr darauf achtet wird, die verschiedenfarbigen Wischlappen für Patientenzimmer, Büros oder Toiletten nicht zu verwechseln.

Ich habe ein Reinigungs-Knowhow, ein Hygienewissen, ein Berufsethos und einen Berufsstolz dort erlebt, vor dem ich den Hut ziehe. Da können sich andere Berufe – wir Journalisten eingeschlossen - mal ein Beispiel nehmen.

19

November

Toilettentag

Es gibt ihn wirklich, den Welt-Toilettentag. Damit soll darauf aufmerksam gemacht werden, dass fast 3 (!) Milliarden Menschen ohne WC oder in schlechten hygienischen Verhältnissen leben. Bei uns schätzt man diese sanitäre Einrichtung bewusst allenfalls, wenn sie mal wieder verstopft ist!

Aber man kann sie auch noch aus einem ganz anderen Grund schätzen: im wahrsten Sinne des Wortes als „stilles Örtchen", um sich mit einem Buch drauf zurückzuziehen! Weshalb klar wird, dass dieser Beitrag auch zum Tag des Buches gehören kann. Und so oute ich mich als **WC-Leser.** Ich bin da beileibe nicht allein mit dieser Vorliebe! Sie glauben gar nicht, wie viele Leute sich dazu bekennen, als ich das mal so in Facebook erfragte!

Eine Kollegin verwies auf das herrliche Buch: *„Von Donnerbalken und Innerer Einkehr - eine Klo-Kulturgeschichte"*. Die findet sich auch auf dem Gäste-WC meiner Journalistenfreundin Doris, das ich nie versäume bei einem Besuch bei ihr aufzusuchen: Außerdem hat sie für die Benutzer passend bereit gestellt: *„Der Furz- vom Urknall bis heute"*, das *„Amtliche Unterrichtsbuch für Erste Hilfe"* von 1938 sowie für schwere Fälle die „Worte der Güte" von Papst Johannes XXIII.

Das stille Örtchen als Rückzugsgebiet für Buch-Leser

In meinen Regal im Gäste-WC mit den Handtüchern habe ich ein Fach freigeräumt und versucht, jeglichem Geschmack der Besucher gerecht zu werden: Garfield-Comicbücher ganz unten griffbereit für die Kinder, für Weiterbildungsbeflissene *„Die wichtigsten 1000 spanischen Wörter"*, für die Literaten Balzacs *„Die Frau über 30"*. Die Geschichtsbewussten finden ein Buch über die Bastarde der Königshäuser („Kinder der Liebe") und auch die Esoteriker kommen nicht zu kurz mit *„Geheimnisvolle Edelsteine"*. Natürlich gibt es auch die aktuelle Wochenzeitung.

Wo ist eigentlich das Toilettenpapier mit aufgedruckten Sinnsprüchen geblieben? Wohl wegen der Farbe dem Umweltschutz zum Opfer gefallen? Übrigens hatten wir in unserem letzten Domizil großen Erfolg mit unserem an einem Haken aufgehängten Gästebuch im Gäste-WC. Wann, wenn nicht hier, hat man Zeit, etwas hineinzuschreiben? Manche reimten, andere zeichneten sogar und klar, ein bisschen beeinflusste der Ort schon die Gedanken. Den Vogel aber schießt ein Klassenkamerad ab: Der hat an der Wand im Klo alle seine Diplome und die Promotionsurkunde gerahmt hängen! Mir fallen da auch gewisse deutsche wie spanische Ex- und Minister ein, zu denen letzteres passen würde, wenn sie die unrechtmäßig erworbenen Urkunden nicht gleich lieber runterspülen sollten.

Diesen Tag finde ich unter uns gesagt etwas krampfig: Was nutzt e i n Tag, um mal das Konsumverhalten zu überdenken oder gegen Kapitalismusauswüchse zu kümpfen? Sollen die Geschäftsleute an dem Tag schließen oder dürfen die Kunden anschreiben, lassen sich die jeweilige Sache zurücklegen?

Dann haben sie an dem Tag streng genommen auch nichts gekauft! Kommen am nächsten Tag und nehmen vielleicht noch mehr mit!!Hihi! Deshalb setze ich da meinen Handtaschentick als – zugegeben - Pamphlet dagegen:

Wie viele Taschen braucht eine Frau?

Nach meinem Verständnis braucht frau mindestens:

- ⚔ 4 Shopper in den Haupttaschenfarben weiß, schwarz, braun und rot.
- ⚔ 5 Aktentaschen in schwarz, braun, beige, grau und - gelb zum Auffallen und gewissem Provozieren bei Sitzungen.
- ⚔ 8 Karrierefrautaschen, die fast schon als Handgepäckkoffer durchgehen. Darunter zähle ich geräumigere Kelly-Bags und die modernen Schultaschenformen, die sehr praktisch sind mit ihren vielen einzelnen angebrachten Taschen und Etuis für Handy, Brillen, Kosmetikutensilien und Kugelschreiber.
- ⚔ 2 Rucksäcke. Auch hier ist immer schwarz dabei, außerdem einer in Tigeroptik.
- ⚔ 3 Riesenbeutel. Die machen sich gut in zweifarbig. Weiß-braun, schwarz-braun, hellgrau-dunkelgrau.

⅄ 4 Strandtaschen mit lustiger aufgedruckter Optik. Und bitte alles immer farblich passend zur Garderobe und Schuhen.

Eine (seltene) Ausmistorgie brachte es an den Tag: Ich kann tatsächlich nicht umhin, einen ausgeprägten Taschentick zugeben zu müssen. Bei der Neuordnung zählte Göttergatte gnadenlos die Behältnisse durch und kam auf 62! Ich fand aber unfair, dass er die fünf Abendtäschchen, sechs Gürteltäschchen und wiederum fünf Handytäschchen auch dazu zählte! Und überhaupt, was verstehen Männer schon von der Damenhandtasche, von ihren Inhalten ganz zu schweigen.

Ach, wenn doch Taschen auf Bäumen wüchsen

Groß muss eine echte Handtasche sein. Für mich sind Taschen nur ausgewachsene Handtaschen, in die ich mindestens DINA-4-Blätter reinkriegen muss, ungeknickt. Dann wären es nämlich nur 46 an der Zahl. „Zweitwohnungen", wie der Jugendjargon so sinnig dazu sagt. Ja, ich gehe so weit, mein Auto als nur etwas größere, fahrende Handtasche zu bezeichnen. Ist doch wirklich ähnlich: Heckklappe auf und alles hinein schmeißen.

Okay, ich frage mich selbst, warum es mich im Kaufhaus magisch als erstes in die gut bestückte Taschenabteilung zieht, ebenso wie bei den Marktständen mit den 10-Euro-Plastikungetümen.

Also gut: einen Tag lang kann ich ja den Erwerb der nächsten Handtasche verschieben. Mir fehlt aber noch eine orangefarbene...

Nachträge: und übrigens...

Es muss von diesen Tagen die Rede sein, wenn der 13. eines Monats auf einen Freitag fällt. Oder auf einen Dienstag – aber siehe unten.

Zeigt mir d e n Erdenbewohner, der nicht ein klitzekleines bisschen abergläubisch wäre! Oder warum vermeiden immer noch renommierteste Hotels die Zimmer-Nummer 13? Wobei logischerweise man dann ja nicht die Nr. 14 buchen dürfte, die ja eigentlich die 13 wäre, wenn man einen Schritt weiter denkt ... na ja.

Aber wussten Sie, dass in Spanien und Lateinamerika nicht Freitag, der 13. der Unglückstag ist, an dem man sicherheitshalber kein Gartengerät als Stolperfalle herumstehen lassen sowie möglichst nicht auf eine wackelige Leiter steigen oder knapp hinter den Pferden herumgehen sollten, sondern Dienstag, der 13.? „**El *trece y martes, ni te cases ni te embarques***”: *„An einem Dienstag, dem dreizehnten, heirate nicht und schiffe dich nicht ein.“* Unser andalusischer Gärtner erklärte, dass besonders die Fischer das beachten würden, die führen an einem solchen Tag nicht hinaus aufs Meer, weshalb es am Mittwoch darauf dann keinen frischen Fisch gibt!

Aber woher kommt der Unterschied, den Dienstag, nicht den Freitag zum Unglückstag zu erklären ? *„Martes“*, der Dienstag ist der Tag des Kriegsgottes Mars und *„Viernes“*, der Freitag, leitet sich von der Liebesgöttin Venus ab und ist schon aus diesem Grund ganz und gar als Pechtag ungeeignet! Da sieht's man mal wieder **- Frauen bringen das Glück und Macho-Krieger Unglück!!**

Weilt man gerade in Spanien oder in Lateinamerika, dann kann man dem Unglück flexibel aus dem Wege gehen: Ein Freitag, der 13. kann einem dort gar nichts anhaben, schließlich gilt er für den Dienstag! Fällt dort der 13. mal auf einen Dienstag, dann besinne man sich doch auf die deutsche Staatsbürgerschaft und dass dann folgerichtig der Freitag der 13. für uns zuständig wäre.

Grüne Hochzeit am Tag der Trauung, Silberhochzeit nach 25 Jahren, Goldene nach einem halben Jahrhundert und allenfalls noch die Diamantene Hochzeit nach 60 Jahren Ehe kennt fast jeder. Oft auch noch nach zehn Jahren die sogenannte Rosenhochzeit und nach 30 Jahren die Perlenhochzeit.

Viel weniger bekannt als runde Gedenktage sind die dazwischen. Feiern Sie doch mal die schöne Zahl 11, eine **Stählerne Hochzeit:** Zwei Einsen, eins plus eins - welche Symbolik! Und eine Schnapszahl. Warum man nach 9 Monaten Ehe schon eine **"Bierhochzeit"** feiern kann oder wahlweise eine **Ochsenhochzeit,** erschließt sich einem nicht auf Anhieb: Vielleicht, weil das genau der Zeitpunkt ist, bei dem ein ordentliches Ehepaar den Nachwuchs in den Armen schaukelt und der Ehemann die Geburt des Erstlings bierselig feiert? Oder im negativen Fall das Ganze als Ochsenjoch empfindet? Dem folgt die **Baumwollhochzeit** nach einem Jahr. Meist reicht es nur zu Baumwolle im übertragenen Sinn bei einem jungen Paar. Aber Baumwolle ist etwas Natürliches.

Das Vierjährige heißt sinnvollerweise **"Seidene Hochzeit"**. Man leistet sich mehr, vielleicht sind aber anstelle von Baumwollhöschen jetzt schon besser Seiden-Dessous angesagt? Die hölzerne Hochzeit ist die nach fünf Jahren. Aber schon nach sechs Jahren wird Holz zu Eisen. **Eiserne Hochzeit**, das klingt gediegen, nach Haltbarkeit, wenn man bedenkt, dass die meisten Ehen in den ersten vier Jahren geschieden werden. Also ist die erste Hürde schon überwunden.

Grüne und Silberhochzeit der Autorin

Genauso wie dann selbige in **Spitze**, wie es nach 13 Jahren heißt? Die auch als **Veilchenhochzeit** gesehen wird. Soll sie Bescheidenheit symbolisieren, wofür das Veilchen steht? Dann doch besser Spitze!

Ein halbes Jahr vorher kann man 12 1/2 Jahre Ehe und Durchhaltevermögen begehen. Die einen führen es als **Nickelhochzeit**, was heute einen Beigeschmack bekommt, denn viele Menschen entwickeln eine Allergie auf Nickel. Oder man kennt sie als **Petersilienhochzeit.** Die Petersilie steht für grün, würzig und frisch wie am ersten Tag der Ehe. Leider drängt sich auch die Assoziation zu den Kräuterhexen des Mittelalters auf, die Petersiliensud als Abtreibungsmittel nutzten. Schon mal etwas von der Seifenhochzeit gehört nach 32 Jahren? Vielleicht hat so manche Ehe dann eine gründliche Reinigung nötig?

Eine der originellsten Hochzeitsjubiläen ist die **Knoblauchhochzeit** nach 33 1/3 Jahren, eines originellen Festes würdig (wie bei uns im Foto rechts mitte)

Jenseits des 40jährigen „Durchhaltevermögens", bei der die **Rubinhochzeit** gefeiert wird – der leuchtend rote, wertvolle Stein als Sinnbild für die Liebe – gibt es auch interessante Jubiläen: Nach 46 Jahren Ehe die **Lavendelhochzeit,** deren Pflanze nicht nur gegen Nervosität, sondern auch als Liebestrank wirken soll! Und schon mal von der **Kasch-mirhochzeit** gehört, ein Jahr später mit 47 Jahren Ehe? Diese teure und feine Wollart steht für die Hochwertigkeit der Ehe. Und mehr führe ich hier bis zur **Goldenen Hochzeit** nicht auf, denn wer erlebt die schon heute noch mit ein und demselben Partner?

Oben: Knoblauchhochzeit der Autorin mit Ehemann zum 33jährigen Ehejubiläum, rechts oben ist das symbolische Knoblauchbündel zu sehen.

Wir beide, mein Eheman und ich streben dies allerdings an! Und das ist beileibe keine „Arbeit", wie immer wieder von Partnerschaften behauptet wird, wenn man von Anfang an den Richtigen erwischte!

Register

Weitere Werke der Autorin:

Mein andalusischer Gärtner. 144 Seiten. 10 €
Alhulia-Verlag. ISBN 84-96083-77-2. üb. Amazon.de

Das sind die gesammelten Anekdoten um und über Miguel, den andalusischen Gärtner, mit dem die Autorin über Gott und die Welt, Politik, Gartenparasiten, Emanzipation und Stierkampf diskutiert, urkomische Missverständnisse und viele Informationen über spanische Eigenheiten inbegriffen. Daneben gibt es handfeste Tipps zur subtropischen Fauna und Flora. Ein Muss für alle Spanien-Reisenden!

Spanien für Fortgeschrittene.
49 Min. Mit passender Latino-Musik, bearbeitet von Udo Lenze . CD ID 970b550b 7,95 Euro.

Illusionen, Impressionen, Irritationen und Improvisationen" einer Ausgewanderten.

Bestellung nur über die Autorin: info@BioRanch.com

„Frau Hefele baut mit ihren humorvollen Geschichten und Verständnis für die Mentalität eine Brücke zwischen den unterschiedlichen Kultur." Dr. Michael Richtsteig
„Herrlich komisch"- super beobachtet", B. Geiss, München

Andalusien ist anders. *144 S. 8,90 Euro. Bod.de*

ISBN 978-3-741-251290

> Eine informative und humorvolle Auseinander-
> setzung mit der südspanischen Welt.
> Mit dem Insiderwissen der Autorin eine ideale
> Ergänzung zu Reiseführern.

*„Gabriele Hefeles Geschichten sind amüsant, voller wunderbarer De-
tails über das von Deutschen oft undurchschaubare Verhalten der Andalusier, das sie mit Liebe zum Detail und einer gehörigen Portion
Humor beschreibt.“*

SUR, dt. Ausgabe Málaga

*„Hefele kommentiert launig die Eigenheiten der Spanier und die Un-
terschiede zu jenen der Deutschen sowie den ganz normalen Wahn-
sinn des Lebens.“*

Passauer Neue Presse/ANA

Was macht die Kuh im Swimmingpool? *Freud und Leid des Landlebens. 96 S . 7,90 €. bod.de*

Ein Leben auf dem Land im Einklang mit der Natur - ein Traum? Die Autorin verwirklichte ihn. Dorfleben kann auch seine Tücken haben. Man verliert Intimsphäre, gewinnt aber Nachbarschaftshilfe. Das schildert die Autorin in ihren Geschichten mit Humor und Ironie.

„Eine höchst unterhaltsame Lektüre zum Lesen zwischendurch oder gemütlich im Bett. Es ist ein nettes Mitbringsel für partielle und eingefleischte Landeier oder solche, die es werden wollen.."
Ruth Weitz, Mainecho

Gabriele Hefele: Raro, das europäische Wunderpferd . *128 Seiten. 7,95 € . bod.de*

Auch in diesem Buch geht es lustig und manchmal brüllend komisch zu. Hauptdarsteller ist Raro, das Pferd der Autorin, ein Schlitzohr!

„Gabriele Hefele erzählt authentische Anekdoten rund um ihr Pferd Raro und seine tierischen Mitbewohner. Herausgekommen ist eine gelungene Mischung aus tierischen Er fahrungen, Erlebnissen und Hintergrundinformationen."
Sabine Kranich in Pagewizz

Dr. Gabriele Hefele: **Meine kleine Schreibwerkstatt:**

Einführung in journalistisches Schreiben

Beim journalistischen Schreiben gelten ganz eigene Gesetze wie etwa das berühmte: *"Wer - wie - wo – was - wann -warum" "*.

Gezieltes Training zu

- ⚔ Interviewtechniken,
- ⚔ Reportage,
- ⚔ Lokalbericht
- ⚔ oder für **PR-Seiteneinsteiger** zur Presse-Information.

Gute Texte sind keine Hexerei!

Dieser Workshop wendet sich an Büro-AssistentInnen, an Sekretärinnen, an alle, die professioneller schreiben wollen. Mit Übungen.

- ⚔ Gutes Deutsch in Wort und Schrift:

Ein Hoch auf die Verben! Die "Todsünden", die Sie vermeiden sollten

- ⚔ Tipps zu Protokollen und Vorlagen
- ⚔ Der gute (Begleit)Brief - passend zu Ihrem persönlichen Stil

Informationen und Einzelheiten auf meiner Webseite: http://historiette.jimdo.com

*Wenn hier jemandem **Dank** gebührt, dann meinem Mann Reinhard, der nicht nur Probelesen über sich ergehen lassen muss, sondern mir vor allem bei meinem oft verzweifelten Kampf mit dem Computerlayout-Programm aus der Patsche hilft!*